INMIGRANTES

Evidencia apocalíptica por sobrepoblación

ESTERILIZACIÓN

única salvación del género humano

AQUILES CHAN

Charles Darwin, sociólogos, científicos, matemáticos, presenta como verdades; que todo ser con vida siempre busca como perdurar la existencia de su género. Los humanos, plantas y todo ser vivo incluyendo los micro organismos buscan reproducirse no importando los problemas de subsistencia de todo lo que le rodea. Se dice que la inteligencia humana es el único ser que tiene la responsabilidad de BALANCEAR la coexistencia de todas las cosas en esta tierra y universo. Nosotros los humanos inteligentes tenemos la obligación de matemáticamente científica balancear la coexistencia de todo nuestro planeta TIERRA. La triste realidad es que dicha inteligencia actualmente nos está sirviendo para destruirnos con nuestra SOBRE POBLACIÓN. Tenemos el instinto de multiplicarnos como conejos, pero a pesar de saber que un exceso en habitantes, definitivamente nos conllevaría a nuestra destrucción humana. Seguimos multiplicándonos sin poder frenar nuestro suicidio colectivo. Causado principalmente por los países con tasas bruta de natalidad anormalmente altas; Europa 10, centros americanos 20, áfrica 50 (reproduciéndose cinco veces más niños que los promedios normales).

A nivel mundial sería prudente que todos los países tengan grupos de consejeros con estudios profesionales en sociología sobre los comportamientos entre grupos sociales. En la ONU se debe discutir con mucha prioridad el tema de sobrepoblación mundial. Este problema es el origen inicial de todos los problemas que se han y son presentados como crisis grave de nuestra actual humanidad. No existe ningún problema pequeño o grande donde este exceso de habitantes no esté involucrado. Son iniciadores y causadores del mal. Una solución errada e inmoral es donde a los europeos se les obligan a adoptar 30 o más de los 50 de África. Lo único verdadero, moral y eternamente correcto es que los 50 de áfrico rebaje por voluntad propia enseñada, o dejar que la ley natural de Charle Darwin cumpla su normalidad.

¿Deduzco que nuestra multiplicación exponencial de la población a nivel mundial ya esta pasada de sus límites matemáticos? Debemos preguntarnos, cual es el objetivo para crecer a este ritmo acelerado. Preguntémonos si el incremento a diario nos ayuda a mejorar nuestro promedio de vida, o nos empeora con todas las malas consecuencias.

Hoy podemos sentir lo negativo del cambio climático, la necesidad de consumir quemando 100 millones de barriles de petróleo diario (y diariamente aumenta su necesidad de consumo). Actualmente casi todos los gobiernos presentan planes equivocados para "MEJORAR SU SOCIEDAD" aumentando más industrias, más fuentes de trabajo, por ende, más habitantes. Hasta llegan a solicitar más inmigrantes, sin importarles las nocivas consecuencias a sus nacionales. Siempre será mejor buscarles soluciones a los problemas de "necesidades de trabajo" buscándole producción con los mismos habitantes presentes, antes que agregarle inmigrantes, que es agregar más necesidades, más problemas, y más daños a la sobrepoblación.

Las destrucciones de las áreas verdes, es un problema internacional. La cuenca del rio Amazonas quemándose 2019 ha sido el fuego forestal más grande en toda la historia humana mundial. Su causa ha sido porque un solo hombre (el presidente del Brasil) haya dicho que Las Amazonas no pertenece al mundo, este pertenece a Brasil. De esta manera alentó a la conquista de terrenos para la ganadería, agricultura y viviendas humanas. No culpo al presidente Bolsonaro, lo tuvo que hacer por sobrepoblación, y porque la mayoría de los otros países (en especial sus vecinos) deforestan a diario también por sobrepoblación. En esto podemos ver claramente, que perdemos "Los pulmones más grandes y sanos de la humanidad". En dicha selva ya vivían más de 3 millones de habitantes, y todos se estaban reproduciendo, necesitando todas las familias más espacios para crecer. Aunque el presidente no tuviese la intención en destruir Las Amazonas, en todos los años anteriores eran provocados estos incendios por los 3 millones de sobrepoblación. Estos necesitaban más espacios para aumentar la necesidad humana de destruirse sobre poblándose sin límite. De esta forma seguiremos hasta que lleguemos a sentir la realidad, donde ya sea demasiado tarde, porque ya no habrá más selvas para destruir. La disminución del agua potable a nivel mundial, más las contaminaciones de todos nuestros mares.

El autor confirma que ya son cada día más las personas (definiciones de Internet y el autor) que sentimos "YA NOS HEMOS PASADO DE LIMITE", en nuestro crecimiento poblacional humano. Los efectos negativos nos están llevando a nuestra inminente autodestrucción.

Solo podemos iniciar nuestro sentido de alivio, el día que nuestra tierra empiece en un día "SIGUIENTE" la disminución de un solo ser humano menos, de la suma total humana donde ya pasamos los 7 mil millones. Ese día de reducción iniciaría la esperanza de toda la actual y futura humanidad. Habría futuro de paz y armonía, sobrante de todo lo bueno, y desaparición paulatina de todo lo perverso, criminal y corrupto, florecido por causa de sobre población continua.

Hace 100 años, escasamente pasábamos unos mil millones. En solo 100 cortos años nos hemos multiplicados exponencialmente 7 veces. Muchos científicos opinan que para los siguiente 100 años, nos multiplicaremos 7 mil millones por 6 veces (imaginémonos nuestra ciudad donde vivimos, crecer 6 veces) = 42 mil millones. ¿Seremos entonces habitantes sanos y felices, o seremos como ratas buscando entre escombros pedazos de ciudades destruidas, migajas de subsistencias? La otra triste verdad presentada por Internet es que de los 42 mil millones el 55% serán africanos a consecuencia de las dementes propuestas de los corruptos Derechos Humano para con los inmigrantes DHIN, todas sin justicia, ni ciencias, ni matemáticas.

Estos DHIN piensan que los africanos y demás del medio y centro oriental; van a aprender a controlarse demográficamente como las razas BLANCAS. Estas razas no blancas han existido por más de 5000 años con sus culturas y religiones, donde ningún evento histórico los ha hecho cambiar para ningún a bueno o a mal hábito.

Los DHIN están impulsando una invasión de estas razas "desajustadas" sobre las "ajustadas". Para conseguir un supuesto "crisol" de razas donde todos vivirán pacíficamente en armonía. El autor al igual que muchos compañeros universitarios, sabemos que estos DHIN están absolutamente equivocados.

Opinamos que lo único que se está consiguiendo; es que esos 5000 años, de cultura "desajustadas" demuestran no adaptarse a las nuevas realidades. Estas más bien son incentivadas maquiavélicamente por los DHIN a invadir y dañar hasta hacer desaparecer el país que estos sentencien. Seguirán su lema de "sobre poblar las tierras conquistadas, y EXTINGUIR las razas que les causan estorbos y envidias. Felices serán cuando introduzcan al último "BLANCO" al fondo del infierno rojo candente de su crisol antirracismo.

Aquí presente, el escritor Camilo Siu, es un estudiante graduado de la promoción 1960-1964, en la universidad de California, con sede en BERKELEY. Esta universidad, a nivel mundial, es una de las entidades que siempre ha contribuido al mundo con sus estudios de LA DEMOGRAFÍA MUNDIAL. Investigamos estadísticas, consecuencias y soluciones positivas. En la rama de la física y matemática llegamos a ser la mejor del mundo, por ser donde se reclutaron al director y todo el equipo que concretaron "El proyecto Manhattan", el invento y la creación de la era y primera bomba NUCLEAR.

Como graduado de esta prestigiosa universidad, sugiero a los países que deseen ayudar positivamente a resolver el problema del continuo aumento de inmigrantes. Atacar el problema de su inicio, e imitar a los países las normas ejecutadas y cuyos resultados han demostrado positivismos más de lo especulados. Es necesario reducir el número de hijos nacidos por promedio en las mujeres y hombres. Para el problema fronterizo de USA sur debemos analizar sus crecimientos poblacionales.

México AUMENTA por año (nacidos menos defunciones) 1.117 millones anuales, 91.800 mil mensuales 3,060 diarios. Guatemala 328.000 mil anuales, 27.000 mil mensual 900 diarios. Honduras 167.300 mil anuales, 13,800 mensuales, 460 diarios. Salvador 157.500 mil anuales, 12.900 mil mensuales 400 diarios. Nicaragua 40 mil anuales, 3.200 mil mensuales, 100 diarios. Solamente los nuevos inmigrantes en potencia de estos 5 países fronterizos cercanos suman más de 1.8 millones al año, 148,700 mil al mes, 4,930 mil diarios. Si pusiéramos solamente los nuevos inmigrantes que cumplen en ese único día 18 años de edad, frente a la frontera. Consecutivamente detrás de la fila coloquemos grupos de nuevos 4,930 diarios con un día más joven que los de adelante en la fila. Llegaríamos a sus hospitales donde todos los días tendríamos interminables grupos de futuros 18 años consecutivamente. Allí encontraríamos 4930 recién nacidos en balance de excedencia sobre poblacional de ese único día. Estas estadísticas son la causa del verdadero problema. Con estas estadísticas se muestra que la ÚNICA solución matemáticamente científica y humana es promover que los nacimientos de estos cinco países disminuyan hasta balancearse a que la cifra de defunciones diarias (aproximadamente 2,400 mil) sea igual a los nacimientos (2,400 mil diarios y no 7,330 mil que generan diariamente; 7,330 – 2,400 defunciones, igual a 4,930 nuevos inmigrantes llenos de necesidades, diariamente.

Aquí solamente mencionamos a cinco países cercanos a USA, pero la cruda realidad es que esta crisis es mundial y va diariamente en aumento. Según cifras de Internet, hoy estamos en 70,000 nuevos inmigrantes de incrementos diarios mundial. La gran falla de este desastre humano es causada por: los RELIGIOSOS y sobre todo los RICOS Y PODEROSOS que más fortunas y poder adquieren donde existan más pobres y necesitados, para crear más soldados, trabajadores y esclavos.

Un error de USA, ha sido DONAR como ayuda aproximada, 700 millones de dólares a estos cinco países en promedio anualmente. Es sabido que de esta donación el 90% se los roban los políticos corruptos. Opino que se debería DONAR esos efectivos a cada mujer que voluntariamente, y bajo los cumplimientos de las leyes locales nacionales, se esterilice.

Una de las normas sugerida, deben ser que dicha mujer haya tenido mínimo un hijo y tenga la edad entre 12 a 45 años. El incentivo debe ser aproximadamente $ 1,500.00 por mujer y proponer a los hombres que también se esterilicen. El capital que recibirían las mujeres (ya esterilizadas) las acondicionarían para cambiar sus vidas, de solamente amas de casa a poder ser empresaria, (con ese capital semilla). O realizar su aporte en la parte comercial comunitaria. Sus aportes definitivamente ayudarían a erradicar la pobreza familiar (promesa de la ONU y GLOBAL CITYCEN para el año 2030). Este incentivo sería más aprovechado por las familias de menos recursos económicos. Es allí donde por falta de educación y otros bienestares sociales estas son las que suelen tener más de 5 a 10 hijos. Las esterilizaciones las liberarían de estas permanentes torturas de estar pariendo hijos. Las harán sentirse más seres humanos independientes para ellas mismas y no esclavas de sus sociedades. Por lógica estas familias por lo general pueden atender y educar correctamente a dos. Dejando los otros 3 o 7 marginados a defenderse en una sociedad de envidias, "Sálvese como cada cual pueda", y obtener su modo vivendi justificando sus acciones buenas o malas a través de cualquier medio.

Esta son los impulsos sociales que obligan al humano a reaccionar como un animal salvaje por falta de oportunidades, trabajos, tierra y soluciones a todas sus necesidades. Causa por la competencia por exceso de mano obra laboral. Se convertirán cada vez más violentos entre más habitantes ocupen un determinado espacio que se hace cada vez más limitado.

El tratar de implementar esta donación, definitivamente va a generar muchas polémicas. Se debe pensar matemáticamente científica y laica. Se deben observar todas las leyes que se aplican en diferentes países para diferentes propósitos. Como humanos inteligentes, debemos observar los resultados y aplicarlos de acuerdo con los grados de resultados positivos o negativos. El ejemplo más impresionante en toda la historia mundial ha sido la ley de un solo hijo implementada por el primer ministro chino Deng Xiaoping, en 1979. Los beneficios positivos fueron la conversión de más de 1000 millones de ciudadanos de la extrema pobreza para estar hoy día entre las tres mejores sociedades a nivel mundial. Hoy son económicamente, intelectualmente, militarmente entre los dos mejores y más ricos del planeta. Todo este increíble fenómeno positivo en menos de 18 años. En el primer año de ese control de natalidad, casi todos los derechos humanos del mundo criticaron este hecho como algo inhumano. Se realizaron bloqueos internacionales para que dicha ley fuese eliminada. Gran parte del pueblo que acostumbraba a tener familias de 5 hijos o más se manifestaron en contra de ese control. Hoy 2019, por el cambio positivo que tuvo esta abstención, y por los hechos obtenidos, son muchos los que tienen frente a sus altares hogareños de oración, una foto de Deng Xiaoping con una vela de respeto y agradecimiento encendida. Es considerado casi como un dios por su brillante idea que hizo tal milagro sobre 1000 millones de habitantes, que ningún profeta jamás haya podido ayudar a tantos humanos en tan poco tiempo. Con esta realidad de Xiaoping, los DHIN (derechos humanos sobre inmigrantes) se han llenado de rabias y envidias, y se niegan en aceptar la necesidad de la esterilización, como la principal y más necesitada implementación para salvar a toda la humanidad.

Deng Xiaoping, murió en febrero de 1997. Dejó creados a muchos multimillonarios. Las ambiciones corruptas de estos nuevos ricos, les inclinaron a solicitar por ley, la abolición sobre tener un solo hijo. Muerto el Gato, ahora hacen fiestas las ratas corruptas. Se abolió parte del control de natalidad y se permite la producción en escala industrial de ESCLAVOS POBRES a favor de los ricos y poderosos. Ahora China empieza a encabezar en la lista de países productores de desechos y contaminantes ambientales. También empieza a sobre poblarse y proporcionalmente generar multimillonarios corruptos.

En el inicio de este libro, se ha tratado de un tema grave global humano reducido a una pequeñísima sociedad. Solamente se ha enfocado en el problema migratorio de USA y México. Ahora enfocaremos ese mismo problema migratorio a nivel mundial. Aquí el problema básico es igual. Según Internet, somos más de 70 mil humanos que nos movemos diariamente a nivel mundial para buscar un HOGAR con menos población y con cultura inclinada a no crecer poblacionalmente. Entre estos están Japón, Suiza, Dinamarca, Suecia, España, Italia, Francia, Usa, Canadá, Australia, y muchos otros. ¿Pregunto a las gentes de bajo recursos mentales, si este movimiento desesperado de huida migratoria no es signo inequívoco de ser por causa de sobrepoblación mundial?

En la actualidad somos muchos nacionalistas y realistas, que no comprendemos como ciertos corruptos, bajo LOS DERECHOS HUMANOS PARA INMIGRANTES (DHIN) fomentan las invasiones de inmigrantes. Hoy se están viendo desastrosamente los grandes negativismos que estos inmigrantes están causando a los países invadidos. Estos no se integran a las comunidades invadidas, ellos están demostrando dominio y desplazamiento de los pueblos conquistados. Los conquistados son obligados a perder sus culturas, tradiciones, identidades y en muchas barriadas de ciudades los nacionales son obligados a salir de sus hogares para así paulatinamente dejar dichas partes de un país, para ser convertida en un espacio creciente de una raza invasora. Esto es lo que hoy en día quieren disfrazar con la palabra "HUMANIDAD", inmoralmente injusta.

Ejemplo tenemos los barrios latinos, los barrios africanos, los barrios chinos, los barrios musulmanes. Según las equivocaciones de los DHIN, se dice que estos inmigrantes, eventualmente mezclarían todas las razas para lograr un crisol de igualdades humanas. Los resultados de las verdades que se están provocando son los odios que se crean entre una barriada y otra de diferentes razas. En nuestro mundo hace unos 5000 años no existían fronteras.

Estas se hicieron por necesidad para obtener paz entre grupos de diferentes sociedades. La historia mundial demuestra que, al pasar de los años, más se independizan estos grupos de inmigrantes invasores. Ejemplo: tenemos a los latinos, que en el año 2016 intentaron independizar el estado de California y que, al fracasar, manifestaron que sus porcentajes de latinos versus nativos, en poco año más superarán a la población local y entre sus objetivos, volverán con la mayoría para independizar dicha parte de EE. UU. Los musulmanes predican en sus templos que su Dios les solicita que no deben tener menos de 7 hijos, porque su Dios les tiene destinado todo el mundo. Su forma de lograrlo es desplazar todos los países donde lleguen, sobre poblándolos.

Esta finalidad le parece chistosa e inverosímil para los que creen en los DH. Ellos obligan a su total cumplimiento a los originales nacionales, pero con deberes y responsabilidades totalmente nulas e intocables para con los inmigrantes invasores. En este año 2019, existen los estadounidenses demócratas, que están en contra de su presidente Trump. Este tiene y demuestra las mejores leyes para favorecer a la "American great again".

Todos estos antiamericanos, vende patrias, no se inmutaron cuando Obama fue a Cuba y ante la mirada de todo el mundo, se dejó humillar por los Castro.

Trump se quedó tan indignado que ahora demuestra al mundo que, aunque tarde, pero como un verdadero patriotismo americano, está defendiendo el honor de todo su país, hoy sanciona y cobra parte de ese desagravio que Castro ofendió a los verdaderos norteamericanos.

Opino que, para encontrarle solución verdadera y definitiva al descontrol de Inmigrantes, Trump debe cerrar todas sus fronteras, a los países cuyos controles demográficos, anualmente aumenta peligrosamente a nivel regional y mundial.

Como todos los países deben ser totalmente independientes en sus leyes y culturas, entonces solamente debe dejar ingresar a los ciudadanos donde sus países demuestren controles demográficos civilizados. También de preferencia a los y las esterilizadas. De esta forma su ley no solamente ayudaría a su patria, sino que a la ves iniciaría a salvar del Apocalipsis mundial a la que hoy todos los humanos estamos encaminándonos.

Las consecuencias en el control con prohibición de inmigrantes desajustados, será algo de muchas críticas. Lo primero que tenemos que intentar aplicar son leyes que beneficie y salve la raza humana "ajustadas". Hay que respetar las leyes de cada región o país. Bajo este mismo criterio, todo país debe hacerse respetar y respetar desde las fronteras de cada país. Cada país independiente tiene el deber de respetar las leyes demográficas de cada otro país. Si un país no desea imponer ninguna ley demográfica, entonces es deber de sus vecinos en cerrar su frontera y solamente observar cómo dicho país se deshace en hambrunas, pobrezas, canibalismos, deterioros humanos, y todos sus consecuentes males. Es deber adoptar medidas REALES positivas e ir descartando las religiosas, industriales, culturales, donde todas estas demuestran equivocaciones humanas de caprichos no morales. Siendo lo más inmoral el echarle la culpa de sus propios males a sus vecinos. USA cultivó su cultura, cuidó su tierra, y programó los futuros de sus descendientes. ¡Acaso no es inmoral, antipatriota, el dejar que unos políticos (demócratas) propongan leyes para abolir las herencias de sus tierras para sus descendientes regionales! Actualmente, injustamente apartan estas tierras para regalárselas a invasores extranjeros. Estas nefastas predicciones siempre fueron en las historias del pasado la principal o quizás la única causa principal de casi todas las guerras. Por lo tanto, el actual presidente de USA está tratando de hacer las mejores leyes, e evitar futuras guerras. Este es el mejor patriota que jamás tuvo, en toda la historia, su país. Es un grave error el promover el compartir culturas y bienestares con países donde en todas sus historias culturales, jamás han cambiado ni cambiarán. Estos invasores están demostrando que lo único que aceptan es que las tierras que invadan, todos tienen que olvidar su cultura para únicamente aceptar la del invasor. Culturas llenas de negativismos salvajismos e inmoralidades con vicios negativos.

En logística correcta, (tal como manifestó el presidente de Rusia) el inmigrante tiene la obligación de cambiar sus costumbres, idioma, cultura a la local y no lo inverso, de lo contrario que se queden en sus tierras y no vengan a contaminar negativamente. Los países civilizados han tenido muchos sacrificios y tiempo para educar a sus descendientes, para dejar una herencia digna y positiva, y sobre todo con derecho justo. No hay que dejar que políticos vende patrias dañen un país. Por su patria un buen ciudadano tiene la obligación de defenderla con su vida. Es su honor para con sus descendientes y consigo mismo.

¿Qué es moral y que no lo es? Este autor opina que todo lo que genere más balance positivo es más moral que los que generen negativismos para la humanidad. En la historia de la república de Panamá, existió un presidente que quiso esterilizar a ciertos inmigrantes. Este hecho fue tomado, en aquellos tiempos, como un pensamiento salvaje e inhumano. Aquí el autor opina que, en un futuro, no lejano, esta ley de esterilización será como una ley que producirá unas de las mejores leyes mundiales para el orden y felicidad humana: el control de la natalidad, en especial a los inmigrantes con pruebas de ser sociedades IN-VASORAS. PARIDORAS INCESANTES.

Otro gran mal que produce una sobrepoblación es las apatías que sus habitantes se van creando entre ellos mismos. Un animal cuando presiente que su medio ambiente se va reduciendo y sobre-saturando, este empieza a sentir que todo se va a escasear por lo que su ego tratará de apoderase en más de lo que le es necesario. Psíquicamente, lo vuelve más ambicioso, en consecuencia, se vuelve más corrupto.

Como fenómeno de esta teoría tenemos a Venezuela. Este país tiene tantas riquezas petroleras, mineras, y otras como para tener que estar hoy en día en mayor desarrollo que Dubái. En años atrás produjo tantas riquezas que, por tener una cultura latina, la mayoría copiaban a los corruptos de sus alrededores.

Casi todos robaron millones y se fueron para que otros continuaran de lo mismo. Fueron tantas las rapiñas por tantos años que basto que un simple POPULISTA diera promesas a los marginados y consiguió lo que Venezuela sufre hoy 2019. No es creíble que un país se dañe por exceso de riqueza.

Pero ahora también es increíble que, de 30 millones de habitantes. Un solo grupito de narco usurpadores aprovechó la enfermedad mortal del original caudillo que con sus poderes hizo y dejó el desastre socialista más negativo del mundo actual.

Las reacciones del pueblo ante este fenómeno también son increíbles, por no tomar acciones con los ejemplos dentro de las historias humanas. Como la revolución francesa con la exitosa decapitación de la reina María Antonieta.

También tenemos la revolución en Rusia, que se solucionó con el fusilamiento de la familia de los Zares. Tenemos las historias de cómo murió Benito Mussolini, en manos de un ardiente pueblo italiano. Unó de los últimos que corrió esta misma suerte por su pueblo, ha sido Gadafi. En Nicaragua, un guardia presidencial tuvo la valentía de asesinar al presidente, cuando este caminaba frente a la heroica guardia nacional. En la historia existen tantos hechos heroicos, que, para muchos habitantes valientes con carácter, no podemos concebir que el pueblo no haya conseguido sus deseos patrióticos en Cuba, Nicaragua, y Venezuela. Sin embargo, estos anti demócratas, si lograron asesinar a John Kennedy y hacer que quedara libre, el autor intelectual de dicho magnicidio. Hoy en día existe tantas armas secretas, drones y tecnología, que es muy factible repetir lo que se le hizo a dicho presidente.

Yo como autor de este libro, Con valentía le hice una jugada histórica al presidente de Nicaragua, Anastasio Somoza, en 1969.

Mi familia y yo, teníamos una flota pesquera en Guatemala. Hubo por causa natural, una abundancia de pesca en Nicaragua y fuimos invitados por los Somoza.

Una vez estando todos anclados en Corinto, Anastasio nos invitó a mi hermano y a mí, al palacio presidencial. Allí el mandatario, nos comunicó con todo sadismo lo siguiente: "Chinitos, tus naves están ancladas en mi tierra. Ahora todas son mías. Hoy les ordeno que salgan en 24 horas para su país, Panamá". Nosotros, los hermanos obedecimos y cruzamos las fronteras. Yo, una vez en Honduras, use mi inteligencia y valentía para organizar un asalto audaz e increíblemente peligroso.

Cualquier fracaso era mi sentencia de muerte, al igual para con mis compañeros. Astutamente reclute un grupo de guerrilleros armados con armas automáticas. Para obtener a favor, el factor "sorpresa", cruzamos la frontera de regreso por los manglares.

Como yo tenía el conocimiento de toda el área, organicé todo con muchas precisiones. Iniciamos el ataque sorpresivamente, a media noche sin luna, con muchas ráfagas de nuestras AK47. En menos de una hora mantuvimos todo el puerto bajo nuestro control con sus prisioneros.

Echamos a los prisioneros con salvavidas al agua, uno a uno a medida que nos alejábamos del puerto con la flota pesquera rescatada. De esta manera la marina militarizada no nos pudo perseguir por tener que rescatar a sus compañeros.

En los días siguiente fue publicado en sus diarios, los siguientes titulares: "El Chino Pirata Camilo Siu, Asalto El Puerto Corinto…".

Una vez, rescatados exitosamente, compensé al grupo de guerrilleros y les doné algo adicional para que pudiesen realizar un objetivo secreto. Después de cierto tiempo, escuche la grata noticia internacional, donde el general Anastasio Somoza fue impactado con un misil anticarro blindado con una bazuca. Ese hecho dejo al mundo una venganza bien compensada. PARA mí, fue mi mejor retorno sobre una inversión de mi vida.

Opino que en este mundo son totalmente necesarios los héroes, los valientes, los que no les tenemos miedo a la muerte y sentir el placer, al acercarse nuestra muerte, que hemos cumplido con nuestra patria, con nuestros padres, con nuestra familia e hijos y sobre todo con uno mismo. En opinión del autor. Para el problema migratorio, actualmente sin esperanza de terminar, pero sí empeorar.

Hay que buscarle su verdadera raíz científica y matemática. Hoy, ya es tiempo para que los verdaderos héroes de cada patria empiecen a manifestarse.

Pruebas sobre la existencia de muchas organizaciones totalmente equivocadas.

a) ¿Cómo ha sido posible que, en 2018, se halla consentido una ley internacional de derechos humanos para los inmigrantes, asistida por mandatarios de diversos países, en un convenio celebrado en Marrakech?

Es increíble que se haya hablado de derechos democráticos y humanidad, en una tierra donde no se practica nada de lo que quieren proponer a la humanidad. En dichas tierras, las mujeres (mitad de su población), no pueden ni caminar libre en público. Sus valores para con ellas, son solo muebles, tapados, ocultados y valoradas como artículos desechables.

El extranjero o residente, que se incline a otra religión que no sea la local, se le solicita el abandono o sufrir decapitación por órdenes de su religión. Por lo tanto, el solo hecho de tratar de conseguir aprobación de leyes sobre derechos humanos en Marrakech, es lo más demente e irrelevante para todos los que participaron en dicha consulta internacional.

Como prueba de que todo lo propuesto en dicha reunión fue absolutamente ridículo. Esta no tuvo ninguna participación ni aprobación de USA, China, Rusia y muchas otras naciones.

 b) Sobre las objeciones por parte de la iglesia cristiana sobre control poblacional, todas han sido sin ningún fundamento lógico y justo.

Para que un grupo pueda opinar sobre propuestas morales, primero debemos analizar quienes han sido gran parte de sus integrantes. Hoy se han comentado (en el libro llamado "Sodoma" 2019), que existen sacerdotes que por tener inclinaciones GAY han usado los templos sagrados para refugiarse.

Se comenta que en los tiempos de la inquisición se torturaron a muchas personas por sus inclinaciones o sospecha de sus actividades o ideas.

Se considera que miles sufrieron tormentos o fueron ejecutados, aunque la mayoría de las personas fueron "condenadas a servir penitencias".

El Papa Clemente VIII consintió la tortura y ejecución de Giordano Bruno el 17 de febrero de 1600. Entre otras cosas, torturó y obligó a retractarse bajo amenaza de ser quemado en la hoguera, al científico italiano, Galileo Galilei (solo por decir que nuestra tierra gira alrededor del sol y no a lo inverso).

Hoy en día, la modalidad de la iglesia prohíbe que sus sacerdotes se casen.

Hay teorías que acusan al celibato de tener por causa otros motivos ajenos a los religiosos.

Con estas pruebas, preguntémonos sobre qué validez tiene esta sociedad religiosa para opinar sobre controles de natalidades. Hasta el presente día, ninguna de las tres más grandes religiones mundial, parece tener UNA SOLA PALABRA ESCRITA POR SU DIOS, como prueba creíble, de lo que se está predicando.

Todas han sido escritas originalmente por humanos, muchas fueron copias de copias, modificaciones sobre modificaciones verbales. Por lo que podemos afirmar, que actualmente ninguna religión es aceptada como verdadera por la mayoría de la población mundial. (50% más uno).

c) Los musulmanes, así como los judíos, dicen que solo los creyentes de su religión, podrán participar en sus paraísos celestiales. Para ellos, solo la mitad de sus habitantes, podrán ganar derecho al paraíso celestial.

La otra mitad, que son las mujeres, carecen de sus derechos como seres humanos, aquí en esta tierra y en sus paraísos celestiales.

Según sus soldados religiosos, cada uno que muera en nombre de ÉL, tendrá un palacio con 60 mujeres, solo para él, por toda la eternidad. Se pregunta el autor, de cómo o que males han hecho tantas mujeres, para que al morir sean obligadas a ir al paraíso de estos hombres, para vivir un infierno eterno, entre sus otras 59 compañeras sentenciadas.

d) Una clara evidencia de que los derechos humanos están desmoralizando a la humanidad, son sus aprobaciones públicas de los grupos LGBT. Comenzaron la aprobación pública con los matrimonios homosexuales. Ahora agregan a los transexuales. Pregunto: ¿Cuándo patrocinarán con nuestros impuestos, a los otros siguientes tipos de sexos: con perras, yeguas, muñecos, pedófilos contra menores, abusos de difuntos humanos (pasó con Evita), ¿etc.? Aquí el autor pide que solamente los actos considerados normales y morales, deben celebrarse en público. Los actos con demencia e inmoralidades, deben permanecer ocultos y prohibidos. Solamente los actos morales deben celebrarse con alegría y pompas carnavalescas.

Los humanos entre más actos públicos vemos, más imitamos.

Con inmoralidades, el humano se desmoraliza, con moralidades nos enorgullecemos de ser más humanos. Resumo lo expuesto: El problema inmigratorio que están sufriendo muchos países actualmente en esta tierra, es la más clara evidencia de que toda la actual humanidad esta sobresaturada. El calentamiento global y el consumo diario, cada vez mayor del combustible fósil, es otra evidencia irrefutable de un consumo cada vez mayor, cuanto mayor sea la población mundial.

La disminución progresiva del agua potable a nivel mundial, los alimentos que, en su escasez, los han modificado transgénicamente, se agregan hormonas (a los animales comestibles) insecticidas y fertilizantes.

Todas estas transformaciones se están haciendo sin haber tenido suficiente tiempo para analizar si sus inventos son positivos o negativos para el género humano, tanto en lo físico como en lo psíquico y en nuestros comportamientos sociales. Algunos opinan que estos productos están generando más homosexuales y sexuales de tipo no normales entre humanos. Hace unos cien años atrás. Todas estas transformaciones no hubieran sido necesarias, si la humanidad no hubiese crecido a la sobrepoblación que tenemos en la actualidad. Pienso que aquellos que dicen que todo lo que ha hecho y está haciendo Trump es inhumano, están equivocados. Yo lo defiendo, al igual que defendí a Deng Xiaoping, como sabios que piensan en las gentes de su país, con sus consecuencias positivas para corregir y salvar a toda la humanidad terrenal. Solicito que los que crean en Trump que está haciendo lo correcto a nivel nacional y mundial. No se queden mudos. Levanten sus voces y defiendan sus creencias, porque no será un capricho, es una obligación de todos, para el bienestar y en nombre de todos nuestros hijos y descendiente.

Amigos que deseamos compartir por siglos una vida más equitativa y feliz para todos y por los siglos venideros. Busquemos una forma justa y balanceada, planificada por sociedades decentes ajustadas.

El racismo. En los tiempos del 1400 las migraciones eran organizaciones con objetivos específicos. La guerra de uno era la guerra de toda la sociedad involucrada. Estas llevaban estandartes de su cultura y todo su poder bélico disponible. Muchos resultados eran cruentas exterminaciones. En esos entonces dentro del instinto animal del ser humano existía el pensamiento de los genocidios. Hoy es lo que se trata de evitar. Aquí el autor opina que un balance a favor de todas las partes equitativamente es lo que se debe procurar.

La defensa de esta justicia debe ser observada matemáticamente. Cuando una sociedad sugiere una idea favorable unidireccional, esta idea debe ser totalmente rechazada, y defendida hasta con las vidas de los nacionales. Muchos pertenecientes a organizaciones de "derechos humanos" actúan totalmente imparciales en muchas de sus decisiones, comprobando que esas malas decisiones solamente pudieron haberse pensado en realizar por intereses particulares a través de coimas. Siendo los países árabes los países más beneficiados por sus fuentes petrolíferas, vemos que estos invaden un país con sus culturas y religiones. Aquí ellos pueden hacer sus mezquitas en muchos países, mientras ninguno de estos otros puede hacer un templo en sus tierras.

¿Cómo es posible que existan organizaciones (DH) que están luchando para que esta sociedad domine y gobierne al mundo? Estos con prepotencias e insulto dicen que en sus tierras no se permite templos a "dioses falsos".

¿En dónde existe la mayoría (mitad más uno) de humanos que manifiesten que una determinada religión con su dios es el verdadero y único dios de nuestra humanidad?

Mientras esta realidad persista, todo dios específico será falso para la mayoría de los humanos, y solamente puede ser aclamado dios verdadero por esa minoría que solamente entre ellos tienen ese derecho de venerar a su dios. Por lo tanto, no es racismo el no dejar que una determinada raza o sociedad se le prohíba entrar a un determinado país.

Cualquier signo donde se demuestre que una determinada sociedad está entrando a un país para invadirlo, aumentando su proporción de habitantes a los habitantes locales, deberían no solamente evitar sus entradas; deberían hasta expulsar a los que entraron con anterioridades. Estos hechos ya se han practicado y se practica en muchas partes de este mundo, pero prohibido solamente para los países sentenciados por los DH. Por lo tanto, aquí no se puede clasificar "RACISMO" o "discriminación" a hechos comprobados donde los propósitos de unos es desplazar a los locales como en los tiempos precolombinos.

Los hechos de que originalmente toda América era pobladas por inmigrantes, no es pretexto para decir que en todo América se tiene derecho libre de entrada para cualquier inmigrante.

A partir que un país logra su independencia, todos esos que están dentro de ella tienen el derecho de llamarse dueños de dichas tierras. Todos los que deseen entrar después, serán extranjeros que tienen la obligación de solicitar "ENTRADA" con consentimiento de los verdaderos patriotas locales.

Nuestro mundo no puede regirse por leyes que matemáticamente demuestre que el camino que se quiere seguir, está equivocado.

Aquí la palabra compasión no puede existir, menos si matemáticamente se comprueba que es una invasión para desplazar a los nativos. Muchísimo menos donde los DH se crean ser dioses para permitir y no permitir acciones de justicias a los países de sus antojos.

La población mundial todos los días aumenta más de 250,000 habitantes diarios. Los que no están de acuerdo son personas que presentan números falsos inventados por ellos para obtener beneficios corruptos. Estas solo apuntan las cifras negativas que les conviene, ignorando las positivas que no les favorece.

El lector debe investigar por su propio medio (Internet). Hay que ser una persona muy bruta o demente para no querer ver en cualquier parte del mundo los efectos dañinos que cada día nos estamos creando con ese aumento incesante de 250,000 habitantes diarios. Más trabajadores para los ricos. Más pobres sin derechos de buena educación y con más detrimentos para inclinarlos a la mala vida de droga y desajustes sociales.

Mientras nuestra humanidad no quiera quitarse las vendas de sus ojos, veremos en aumento día a día más inmigrantes, más criminales, más corrupciones, más deterioro ambiental, más consumo de combustibles fósiles. Menos agua potable, más caos entre todos los países.

Por último, no encontrando solución a los miles de insatisfechos inmigrantes, tendremos de entre ellos, unos hastiados de esta humanidad, se mentalice para acabar con esta injusta, insana, degenerada humanidad, apretará el gatillo de una AK47 sobre un grupo social o el "BOTÓN DE UN MALETÍN NUCLEAR".

 Las leyes que un presidente desea para proteger su pueblo de invasiones injustas no son las frases públicas que encienden el "odio" en la sociedad. Las frases son creadas por los hechos e injusticias disfrazadas como "humanidades". Por los que se les ha demostrado claras evidencias de invasiones para desplazar. Por los que dejan graves futuros para los descendientes nativos; estas sí son las verdaderas causas de odio como las que se generaron con Milosevic en Yugoslavia.

Los "odios" no son iniciados con palabras, pero si iniciados con los hechos que provocaron las palabras en defensas. Aquí la historia demostró que los musulmanes no se integran a la sociedad que siempre los aceptó como inmigrantes.

Aquí se demuestra que los inmigrantes se adueñan de ciudades y crean "odio" total con los resultados de los hechos. En la segunda guerra mundial. La acción en contra de los judíos es una causa de hechos debido a que estos casi nunca se integraban a la sociedad donde entran como inmigrantes. Ellos son tan estrictamente invariables en su cultura que siempre generan odio. Por lo general este odio creado demuestra ser tan fuerte, como para haber sido la causa inicial de la segunda guerra mundial. Pero los culpables de los odios fueron por los hechos. Repito que no puede existir el "odio" sin que inicialmente hubiesen existido los hechos causantes.

Acierto que la mayoría de los integrantes de "los derechos humanos" son corruptos. Muchos son espías para derrocar un país dentro de su objetivo. Son demagogos que utilizan las palabras humanidad, racismo, compasión, pero nunca "justicia matemática" para los descendientes de los países que estos intrusos corruptos tienen en su programa destruir.

"REGLAS DE NO PROLIFERACIÓN"

La sobrepoblación es igual a la enfermedad del ÉBOLA. Cada país debe observar sus higienes, salud, educación, y decisiones sobre su control demográfico y cultural. Si un país le brota la epidemia del Ébola, todos los otros países solamente deben contribuir con ayudas totalmente a nivel nacionales AISLADAS. Nadie de dicho país se le debe permitir su salida. El peligro es que dicha enfermedad se pueda convertir en una pandemia internacional. Opino que casi todos los países africanos que sufrieron Ébola, hoy se están vacunando y no se están tomando las debidas precauciones internacionales.

En general casi toda las que tuvieron dichas enfermedades ya están inmune a dicha pandemia. También creo que existen muchas gentes (guerras biológicas) que planean con premeditación el producir una pandemia como hicieron los conquistadores en épocas coloniales. Ya sea planificado o no, estos africanos saben que pueden venir a América igual como hicieron los pré colonizadores y producir exterminio de sociedades enteras para después (por estar ellos inmunes y vacunados) quedarse con las tierras invadidas y exterminadas intencionalmente con sus pensamientos planificados maquiavélicamente.

La sobrepoblación es una pandemia, peor que el Ébola, donde los inmigrantes están invadiendo países en forma desbocadas y sin consentimiento del país al que están invadiendo. Estos no solamente matan a los nativos como hicieron los conquistadores en las épocas de Cristóbal Colon, estos vienen a borrar las costumbres, culturas y tradiciones locales para imponer las suyas violentas y perversas.

Para proteger a los descendientes nacionales de países civilizados, todo inmigrante de países que no observen control demográfico debe venir esterilizado. No es justo que países del África y otros del medio y centro oriental, donde es costumbre tener familias mayores en número de diez lleguen a un país y en pocos años sean mayoría en porcentaje a los verdaderos residentes. Considero que la política más decente y moral es que estos, desajustados en controles poblacionales, se queden en sus propios países y no salgan a desajustar con desastrosas costumbres a las sociedades que han educado y planificado para sus descendientes culturas correctas.

Cada persona es libre de escoger su modo de vida y futuro. Pero jamás inmoralmente debe creer que tiene el derecho de invadir y dañar otras sociedades. En la historia humana han existido (desde los egipcios, chinos etc.) hambrunas que han generado millones de muertes. Muchas de estas sociedades, enfrentaron sus suertes y han impregnado en sus culturas dichas experiencias. Hoy la educación de sus descendientes comprende el porqué de sus controles de natalidades. Opino que todos estos países que no quieren ejercen controles de natalidad deben ser encerrados dentro de sus países, porque con sus trágicas consecuencias serán la única solución para que estos puedan aprender a imitar a las sociedades civilizadas.

Por estar ellos totalmente desajustados en sus países, ellos quieren dañar a sus vecinos y sentir que si ellos están jodidos que se jodan toda la humanidad. El dicho siempre ha sido "no regale peces al necesitado, porque eternamente será un necesitado. Eternamente te maldecirán sus desdichadas suertes". Regálales artefactos de pesca y enséñales a pescar. Estos cuando aprendan a valerse por sí mismo, eternamente te lo estarán agradecidos."

Según Darwin es inmoral, injusto, y criminal, el alterar los órdenes naturales de nuestra naturaleza. Ninguna especie se le debe dejar reproducirse a los niveles que domine con fines de extinguir a otra especie. La raza africana es mundial y universalmente necesaria parar su reproducción excesiva. Son totalmente criminales, ellos al igual por los que les apoyan. Hoy ya están demostrando demasiadas invasiones con desplazamientos, y acciones criminales para borrar las culturas y religiones locales por los que brutamente inocentes les acogieron.

Sobre las informáticas, es un problema donde cada día se torna más crítico. "Los noticieros". Con mucha precisión se dice que más del 50% de los periodistas solo narran sus noticias por y para a los que les pagan. Ya casi no hay periodistas honrados. A igual que encontrar un político que no se incline a la corrupción. Actualmente es moda de que se diga una mentira en alguna de las redes sociales, porque por ello, ganarán dinero con noticias "sensacionalistas", (no importando su contenido moral ni su veracidad). Con estas verdades, de mentirosos, especialmente en casi todos los políticos jefes de estados, y directores de organizaciones.

Nosotros los humildes ciudadanos debemos estar más alertos para distinguir entre las pocas verdades encontradas en Internet. Tenemos que sopesarlas en contra de las propagandas malintencionadas de los profesionales demagogos.

Considero que nuestro problema de inmigrantes tiene que ver, como factor primario, en todos los problemas que hoy existe en nuestro planeta.

Solicito que cada cual busque y que no solamente encuentre una verdad, sino que ya es tiempo que todos encontremos una buena razón para vivir esta vida por ella. Debemos encontrar "la verdad", defenderla, luchar por ella con nuestra vida, eliminar a los injustos, mentirosos, dejar con honor a nuestros descendientes y con uno mismo.

En la mayoría de las organizaciones de los "Derechos Humanos" se están fomentando el odio racial por querer eliminar la estabilidad de un país de manera totalmente injusta. Los nacionales observan como un pueblo tras otro los "Demócratas" introducen inmigrantes de forma sin control para desplazar cada día con incremento de porcentajes de determinados invasores.

En El Paso (masacre en 2019) se publicó que los inmigrantes ya eran el 85% de la ciudad. En Florida y California se estima que en menos de 5 años los inmigrantes sobrepasarán a los originales por más del 51%. Considero justo que a ningún extranjero se les de la nacionalidad con derecho a votar para presidente ni a senadores, ni a ningún cargo público nacional. También debe regir para con sus descendientes.

Debemos observar quienes están (2020) de candidatos presidenciales en contra del presidente Trump. (Homosexuales, Latinos, orientales.) Todos estos candidatos están siendo financiados por extranjeros y vende patria llenos de envidias. Envidian al presidente porque por muchos años atrás, ninguno defendió su patria como tal.

Estos DH traicioneros están rabiosos por ver en peligro sus objetivos de llenar los USA de inmigrantes y cumplir su objetivo de destruirla. Se estima que más de 8 millones de inmigrantes dentro de los USA están solicitando la ciudadanía estadounidense.

Si aprueban estas concesiones, en las siguientes elecciones presidenciales nunca más existirá un verdadero norteamericano.

Desastrosamente el presidente sería un latino, un musulmán, un chino o cualquiera que bajará la bandera nacional para depositarla en un basurero municipal.

¿Quiénes se atreven a decir que no son los derechos humanos los que traen a los inmigrantes para que estén invadiendo USA en la forma como actualmente se está haciendo?

    (1) Todo país tiene el derecho de permitir o no la entrada de inmigrantes en acuerdo a sus leyes.

    (2) Todo inmigrante que entre a un país sin su permiso de inmigración legalmente es un infractor, generador de odios.

    (3) Los grupos de inmigrantes ilegales cometen acto totalmente inmoral. Y sobre todo con ayuda de los DHIN

Con sus injustas excusas de inhumanidades, son inmorales criminales, por ser los verdaderos responsables de los "odios" creados. Los DHIN son los responsables de que muchas ciudades de USA tengan más inmigrantes en porcentaje que los nacionales. Esta invasión es la que trae el odio. No es supremacía blanca, es la supremacía porcentual de extranjeros que está cultivando los desastres del odio.

(4) La envidia a los blancos por ser una sociedad educada y organizada, es un destructivo racismo. La actitud de los latinos, los musulmanes, los africanos y todas las otras razas si son racistas porque no saben ni quieren corregir sus culturas erróneas. Cosa que deberían aprender de los blancos. Ellos todos unidos con mucha envidia quieren destruir esta sociedad con ayuda de los DHIN. En Internet se publica estadísticas donde cada día mundialmente la raza blanca está disminuyendo. Ahora los DHIN quieren acelerar esta extinción racial. Los DHIN están trayendo más invasores, que con estos empezarán por quitarles a los USA, California, Florida, Texas y paulatinamente todo el país. No son simples palabras las que aquí se está reportando. Como dije con anterioridad, todo son hechos reales que cada uno debe y puede verificar. Estos extranjeros están desplazando con cada día mayor porcentaje. Esto se le llama conquistar, el desalojar hasta despatriar

los a todos. Si dejan a los DHIN que continúen con sus invasiones, esto cultivará más asesinatos y posible guerrilla civil. Para el colmo, estos DHIN rápidamente les echará la culpa a los blancos, con ayuda de inmigrantes invasores y racistas que sueñan con extinguir a los blancos. Estos inmorales vienen a robarle las tierras a los descendientes locales, y criminalmente están queriendo borrar sin ningún respeto la cultura, la religión y todos los derechos legítimos de los nacionales.

(5) Sobre los países (México 5 hijos por familia, África y musulmanes 6 hijos por familia, oriente 4 hijos por familia.) Todos estos no pueden sustentar sus incrementos poblacionales. ¿Preguntémonos, si algún país se estaría comportando inhumano con no recibir a todos esos excedentes? O sería beneficioso no aceptarlos, para la salvación de la humanidad. A estos grupos, ningún país con cultura decente, los debería recibir como inmigrantes. Todos sabemos de antemano los resultados mortales a consecuencias, por cerrarles las fronteras.

¿Pero acaso ellos no saben que si no se controlan demográficamente sufrirían esas atrocidades, pero si razonaran con decencias podríamos convivir en un balance justo de paz mundial duradera? Si las razas africanas se reproducen injusta y morbosamente de cuatro a cinco veces más que la raza blanca. Este hecho no es permisiblemente moral. Los blancos ya deben reaccionar cuando se les dice que se tienen que comportar "humanos", porque verdaderamente se les está diciendo con burlas "humanos-idiotas". Idiotas porque los estamos extinguiendo a gigantescas patadas, y solamente nos responden "gracias". Entonces a estos africanos, si lo saben y lo quieren hacer con terquedad voluntaria con ese desorden poblacional, de dónde sacan los DHIN que uno es culpable de sus desastres. Casi ningún país quiere que estos países sufran inhumanamente. Pero si ellos mismos escogen ese modo de vivir, Entonces el traerlos a un país civilizado sería dañar a un país que es ejemplo correcto para la humanidad. ¿Por qué ellos quieren tener 10 hijos y no 2?

¿Tienen los europeos la obligación, el deber y responsabilidad de adoptar sus excedencias? ¿Sería correcto para el futuro de la humanidad traer, ser dominado y reemplazado por culturas salvajes? Con esto se contagiaría todas las naciones del mundo, y sin justicia estaremos jodidos igual a ellos. Nos convertiríamos un mundo total y copia de esas naciones corruptas. Seremos un mundo lleno de pobreza, crímenes, corrupciones. Esto pondría a todo el mundo a rezar por que alguien haga el favor de iniciar el infierno nuclear. Ya que el infierno que están creando los DHIN no tiene comparación en ningún sueño con pesadillas de horror. No es justo que los países civilizados absorban a los desajustados, pero si es imprescindible que los no ajustados se les obliguen a no dañar a los ajustados por terquedad religiosa o cultural nacional. Solo aplicando la ley de Darwin es lo único correcto. Es un crimen contra la humanidad generado por los invasores tanto como sus apoyadores. Por último, también serán culpables los idiotas que se han dejado invadir y exterminar.

(6) No a la sobrepoblación. No a las naciones que no observan control demográfico. Es totalmente inmoral y provocador de odios y guerras, que un país con cultura salvaje intente invadir a otra cultura donde sus habitantes saben comportarse como ejemplares de decencias humanas.

¿Será humanidad el rescatar a determinados inmigrantes? Opino que, para cualquier problema, todos tienen varias caras para ver el problema. En todos, el actuar de una manera podemos perjudicar a segundos y terceros o más. Todos deben de ser tratados con justicia y en especial donde matemáticamente cause menor perjuicio. En este caso, se debe prevalecer a favor para la cantidad mayoritaria de seres humanos por salvar. Considero que el agravante de mayor injerencia sobre los problemas de un continuo crecimiento de inmigrantes, en todo nuestro planeta, es la sobrepoblación.

En toda la historia de nuestro planeta han existido innumerables casos donde unos seres vivos han adquirido una mala costumbre dañina. Una de poder reproducirse con mayor habilidad que sus congéneres. Tuvimos las nubes de grillos que arrasaban sembradíos enteros de poblaciones.

Tuvimos las ratas en Europa que mató a casi la cuarta parte de esos habitantes. Entre lo último tuvimos a los colonizadores de América, que con conocimiento de cómo propagar enfermedades a los indígenas nativos, lo hicieron. Logrando en muchas áreas sus exterminaciones totales. Hoy en todos los países del mundo tenemos unos animalitos muy bellos y compañeros de sentimentalismo de mucha importancia. Estos son los gatos y perros. Hace unos cincuenta años, en muchos hogares se les escapaban de control reproductivo, y se escapaban de los dueños humanos. Sus poblaciones fueron excesivas hasta el grado de causar enfermedades y volverse "plagas". En todos los países se generaron instituciones "perreras", que sacrificaban cientos de estos animalitos diarios por orden municipales para la salud e higiene humana. Hoy se aprendió a no ser crueles con los animales. La inteligencia humana está aplicando la "esterilización". Con esto se eliminó como "problema", y hoy casi todos convivimos en perfecta armonía y paz con justicia con estos animales. La esterilización se usó en China para con los humanos, cuyos resultados en vez de ser imitados, los envidiosos DH se hacen los sordos por favores personales corruptos

Todos los humanos del presente expresan querer paz, armonía y justicia; una utopía. En toda la historia humana casi todas las sociedades una siempre ha querido "conquistar" a otra. Ya dije, la sobrepoblación es peor que el virus del Ébola. Pero la democracia y libertad de cada país es más importante. Dicha libertad debe ser respetada, y solamente si cada nación opte por vivir con una cultura nacional correcta, no debe dejarse influenciar por otras culturas. Así como tampoco obligar a otros a imitarnos.

Cada nación debe escoger como reproducirse, y si su religión y cultura no les permite corregirse, entonces no se les debe intervenir, ni para el bien ni para el mal. Ellos solos a su voluntad tienen el derecho de aprender a corregirse de acuerdo con las consecuencias que el tiempo va desarrollándoles.

Cualquier intervención es maligna porque todo país necesita pasar por aprender con sus propias experiencias y resultados. Solo así la humanidad se ajustaría hacia una convivencia futura de paz y armonía.

Nuestro planeta, que por falso concepto de HUMANIDAD se está intentando amalgamar todas las razas. Estamos encaminándonos hacia nuestra propia destrucción apocalíptica por causa de la sobrepoblación. Cualquier medida que se opte para frenar este auto suicidio es totalmente necesaria y humana. Sin embargo, cualquier idea que implique un aumento de población humana es totalmente inmoral satánicamente.

Nigeria; Pongo un ejemplo (de entre docenas) para reflexionar.
Según datos de internet;

Poblaciones durante 1900:

China -   400 millones

USA -   75 m

Nigeria-   1.4 m

Países Africanos   200,000,000

1950:

China-   551 m

USA -   157 m

Nigeria-   38 m

2010

China-   1341 m

USA-   310 m

<u>Nigeria-</u>   <u>138</u> m

<u>Países Africanos   1350,000,000</u>

Proyecciones 2050

China-   1296 m

USA-   403 m

<u>Nigeria-</u>   <u>390</u> m

<u>Países Africanos   2,400,000,000</u>

2100

China-   941 m

<u>Nigeria-</u>   <u>730</u> m

<u>Países Africanos   4,000,000,000</u>

USA-   478 m

INDICE PROMEDIO DE HIJOS POR PAÍSES EN MENCIÓN EN LA ACTUALIDAD: NIGE-RIA 7,1 (hijos por mujer en promedio donde la parte alta 25% promedian aproximadamente 12 hijos por mujer); SOMALIA 6.1; CONGO 5.9; MALI 5.9. USA 1.8; EUROPA 1.9.

Con estos datos (que los DHIN querrán ocultar, pero el lector podrá investigar por su propia cuenta), se ven claras evidencias de la cultura nigeriana (un solo ejemplo de otros 10 o más vecinos en similitudes). Donde por habérseles ayudado a disminuir sus defunciones, ahora (con ayuda de los DHIN) quieren multiplicarse sin control.

Sin justicia se está obligando a los países civilizados para que se encarguen de darles hogar y trabajo dentro de su país, adoptar a sus hijos excedentes, criarlos, educar y dejar que desplacen a sus descendientes para que la raza nigeriana y vecinos sobre pase a todas las naciones del mundo y las extingan. ¿Dónde está la lógica para salvar la humanidad? Obligar a que estos países paren y que disminuyan sus tasas de natalidades, o apañarles sus excesos e incentivarlos para que aumenten a tener mas hijos, ya que con estos actualmente entre mas inmigrantes colocan en el exterior, más remesas económicas reciben como premio y éxito de sus vidas.

Por el bien y justicia humana, se debe buscar a cualquier inmigrante (países que no quieren tener control demográfico), que esté fuera de su país, se le capture y se le regrese a su lugar de nacimiento. Es necesario (no inhumano) que estos países sufran sus propias consecuencias por sus culturas. Si no los dejamos que aprendan a través de sus voluntarios actos, nosotros seremos los culpables de sus malas culturas. Por intervenir en los momentos donde ellos crearon su propia cultura demográfica, y necesitaban sentir sus resultados. Todo es igual a los padres que cometen error en criar mal a sus hijos por intervenir en todos sus actos y no dejarles desarrollarse a través de sus propias experiencias. Si los acogemos, estaremos patrocinando para el futuro de toda la humanidad el peor de los desastres humanos; crímenes, corrupciones, vandalismos, todo tipo de violaciones, más drogadicciones. Degenerar a la humanidad al punto que cualquiera saldría al público a disparar y matar. Todo por causa del ambiente lleno de odios y repugnancia que veremos a todo nuestro alrededor.

Repito, un buen político con sus palabras no genera odio; el odio es generado por los hechos (creaciones de los DHIN) que en su errada defensa se generan las palabras de un honrado político. Ambiente infernal que los DHIN quieren crear con sus descontroles injustos y unidireccionales. Científicamente Nigeria, Kenia, El Congo, y otros vecinos apunta con orgullo y determinación cultural superar la población de China; Superar en habitantes a todas las sociedades del mundo. Dominar el mundo. Esto es inmoral y criminal.

Responsabilizo por igual a todos los que lo apoyan. Cualquier país que actualmente quiera crecer demográficamente para repartirse a invadir a otras naciones, siempre ha sido y será motivo de GUERRA. De comprobarse estas intenciones maquiavélicas aquí el autor confirma en alistarse al primer batallón humanista para iniciar una guerra por esta exagerada injusticia racista humana.

Como está escrito en el principio del libro. El deber de la inteligencia humana es mantener el equilibrio de todas las cosas terrenales (científicamente, justa, BALANCEADA MATEMÁTICAMENTE, laica). La lógica de Darwin jamás aconsejaría los desbalances naturales de las naturalezas universales. El ayudar a una sociedad para que desplace con estadísticas de verdaderas intenciones de desplazamiento y extinción injustas, es totalmente: INMORAL INJUSTO Y ES TOTALMENTE NECESARIO EVITAR A CUALQUIER COSTO CON TODA LAS FUERZAS Y MEDIOS DE NUESTRA VIDA POR EL BIEN DE LA RAZA HUMANA, NUESTROS DESCENDIENTES, Y POR NOSOTROS MISMOS.

REFERENCIAS

(1) Charles Darwin
El Origen de las Especies por medio de la
selección natural

(2) El perverso plan para exterminar la raza
blanca / Internet, Google

3) Etnografía de los Estados Unidos de América
Wikipedia, Internet, Google.

(4) Nigeria population: Data and Charts, 1900-
2013 and future / Internet, Google

(5) Amazon.com book, "Inmigrantes clara
evidencia por sobrepoblación" / Camilo Siu